MÉMOIRE

SUR

L'ILE D'HAÏTI,

DES MOYENS A EMPLOYER POUR RENDRE A LA COLONIE
SON PREMIER ÉTAT DE SPLENDEUR,

AVEC L'EXPOSÉ DES AVANTAGES ET DES RESSOURCES
IMMENSES QUE RETIRERAIT LA FRANCE DE SON UNION AVEC
SAINT-DOMINGUE,

ET DE L'ADOPTION DES MESURES INDIQUÉES DANS
CE PROJET.

PAR TALBOT DE PELTERIE,

ANCIEN COLON.

L'agriculture et le commerce sont les deux
mamelles de l'Etat.

Point d'esclavage, point de traite : liberté
civile pour tous, sans exception de rang,
ni de couleur.

Prix :   fr.

PARIS,

CHEZ L'AUTEUR, BOULEVARD MONTMARTRE, N° 16.

—

1841.

A MONSIEUR BOYER,

PRÉSIDENT D'HAÏTI ;

AUX MEMBRES COMPOSANT SON CONSEIL.

PRÉFACE.

J'ai été à même, pendant mon séjour prolongé dans l'île d'Haïti, de connaître non-seulement les goûts, les mœurs et le caractère des habitants, mais encore les ressources et les avantages qu'offre la colonie. Mieux que personne, j'ai pu apprécier les causes qui s'opposaient à l'accroissement et à la prospérité de ce beau pays; une longue expérience et ma connaissance parfaite des localités m'ont indiqué les moyens de remédier à ces maux. Et si, comme je l'espère, le projet que j'ai l'honneur de soumettre aux lumières de chaque député est accueilli favorablement, la France trouvera dans son exécution des avantages immenses.

MÉMOIRE

SUR

L'ILE D'HAÏTI.

Le projet que nous présentons avec confiance procurera par son exécution une existence honorable à plus de dix millions de Français, fera rentrer dans les coffres de l'Etat plus de cinq cents millions, augmentera le nombre des marins avec accroissement indéfini mais proportionné au besoin de la mère patrie suivant les chances de paix ou de guerre, armera dans nos ports plus de quinze cents navires qui partiront chargés des productions du sol français et des marchandises fabriquées dans ses ateliers, usines et laboratoires ; encouragera l'industrie en augmentant les bénéfices des entrepreneurs, ouvriers et artistes ; procurera des débouchés à tous les objets tant de luxe que de première nécessité. Toutes ces exportations seront échangées dans les ports de Saint-Domingue contre des denrées coloniales devenues pour nous des objets de première nécessité, tels que café, indigo, coton, bois de teinture, etc., etc., etc. Ces importations produiront un bénéfice incalculable, réveilleront l'apathie, encourageront l'industrie et donneront, il faut le dire, du pain, même de l'aisance, à cette classe d'ouvriers et d'artistes aussi nombreuse qu'intéressante, qui languissent aujourd'hui dans les horreurs de la misère et de l'indigence faute de travail. Combien de larmes séchées? combien de familles ressuscitées par l'exécution du projet que nous présentons ? *Fiat lux!* Cent mille personnes au moins, de tout sexe, de tous états, des familles entières trouveront une existence honorable ; nous disons des familles entières, car nous ne voulons pas isoler l'homme de ses plus chères affections ; l'honneur, la nature et le respect pour les mœurs nous en font un devoir dont nous ne nous écarterons jamais. Tous ces émigrés volontairement trouveront à se placer et à s'occuper sans délai, toujours avantageusement mais toutefois en proportion de leurs talents et de leurs facultés physiques et morales : nous mettons en fait qu'avant dix ans, ils auront tous un bien être assuré, souvent même une fortune brillante. Des compagnies ou associations commerciales, soit par actions,

soit en mise de fonds spéciaux , aléatoirement et
à forfait, seront un des rouages principaux de la
prospérité coloniale; elles agiront avec d'autant
plus de confiance qu'elles auront sous la main
le gage des avances qu'elles feront. Avances qui
leur rapporteront au moins 10 pour cent pendant
les deux premières années, et par une progression
indubitable depuis vingt jusqu'à quarante, comme
nous le démontrerons en donnant du développe-
ment, de l'extension à nos propositions avec une
clarté, une lucidité incontestable même par les
pyrrhoniens et les dialecticiens les plus sévères.

Saint-Domingue présente une surface de trois
cent soixante lieues de circonférence , conséquemment elle a plus d'étendue qu'un grand tiers de la
France. Les trois quarts du terrain sont suscep-
tibles de culture soit en sucre, café, indigo, coton, bois de teinture, tabac. La partie ci-devant
espagnole est entièrement vierge et offre des ressources incalculables. La partie française dont le
terrain n'a fait que s'améliorer en demeurant en
jachère depuis 1792, principalement en ce qui tou-
che la culture de la canne à sucre, est aujourd'hui
d'une valeur excédant celle qu'elle avait dans la plus
grande prospérité de la colonie; mais les autres
trois quarts, compris dans les vallées, les basses terres et les culs-de-lampe, loin d'être dégraoés se
sont améliorés par l'écoulement de la crème des

hautes montagnes qui a rendu la culture du café
plus facile et moins coûteuse que celle du sucre.
Ils ne présentent pas un moindre avantage. Le
temps n'est pas éloigné où la France, possédant
l'île entière de Saint-Domingue, pourra exercer le
monopole du café non-seulement en Europe mais
dans toutes les parties du monde où il est devenu
denrée de première nécessité; première preuve de
ce que nous avançons sans crainte d'être démenti;
nous donnons pour seconde preuve l'augmentation de prix toujours progressif des denrées coloniales sur toutes les places de commerce. *De la
non production, la disette; de la disette, la
cherté.*

L'île d'Haïti est le plus beau, le meilleur pays
du monde : c'est le jardin d'Eden. Est-il un climat plus agréable que celui où l'on ne connaît pas
d'hiver, où règne un printemps perpétuel au
moins pendant dix mois de l'année; nous disons
dix mois de l'année, car nous ne voulons induire
personne en erreur, et nous convenons que la cha-
leur serait plus chaude pendant le mois de juillet
et d'août si elle n'était tempérée depuis dix heures
du matin jusqu'à deux heures du soir par un vent
périodique que l'on nomme brise du matin et
brise du soir, et qui rafraîchissant l'atmosphère
amortit l'ardeur du soleil au moins pendant quatre heures; le reste au jour n'est pas plus chaud

que les beaux jours du mois de juin en Europe.
Dans quel autre pays du monde voit-on les arbres
toujours verts, toujours fleuris, montrant à côté
du bouton naissant la fleur épanouie, le fruit
formé et le fruit mûr, et cela pendant toute l'année. Point d'hivernage comme à la Martinique,
point de serpents, point de bêtes malfaisantes : des
ramiers, des ortolans, des perroquets, des pin-
tades marrons qui vous donnent le plaisir de la
chasse. Tous les légumes cultivés en Europe y
mûrissent et sont d'une saveur plus succulente
que sur leur terre indigène ; si nous leur adjoi-
gnons ceux du pays, nous trouverons le *nec plus
ultra* de l'horticulture. Toutes les volailles indigènes réunies à celles de l'Europe, les poissons
que fournissent nos étangs, nos rivières, celles
d'Haïti et l'Océan, principalement la tortue de
terre et de mer ; la viande de boucherie de toute
espèce comme chez nous ; le gibier de toute espèce,
excepté la haute venaison et la perdrix, peut y
alimenter la table du gastronome le plus gour-
mand, le plus délicat. L'absence de toute bête
féroce ou venimeuse offre un champ sûr, vaste
et libre aux amateurs de la chasse. Sous cet heu-
reux climat la terre ne donne pas instantanément
toutes ces richesses à celui qui les cultive ; elle les
lui prodigue sans réserve pendant toute l'année
sans distinction de temps ni de saison ; tout y
abonde, si ce n'est le vin et les céréales, dont on

pourrait facilement se passer, le pays produisant des raisins de toute espèce qui réussiraient parfaitement en pleine terre, puisqu'ils garnissent abondamment une infinité de treilles ; et si les anciens gouvernements de la France n'en permettaient pas la culture, c'était seulement dans l'intérêt du commerce et de l'agriculture pour faciliter d'un côté l'exportation des vins de France, et de l'autre l'exportation des denrées coloniales ; et quant aux céréales, on pourrait, comme nous venons de le dire, à la rigueur s'en passer en se contentant des fruits et racines du pays, des grains qui figurent parmi les céréales comme pois et haricots de toute espèce, mais principalement en y faisant du pain de maïs comme dans plusieurs Etats de l'Amérique du Nord. Nous ne répétons pas en parlant des farines, ce que nous avons dit en parlant des vins : à même cause, mêmes effets. Dans aucun cas la farine ne pourra manquer à Saint-Domingue ; il est de l'intérêt de la France et de l'Amérique du Nord de l'en fournir abondamment, et il ne faut pas croire que la consommation en soit exorbitante ; car les naturels du pays préfèrent les vivres que produit leur sol, et les Européens s'y habituent facilement. Si dans une table de vingt personnes il se mange deux livres de pain, c'est le *maximum*, encore faut-il que dans ce nombre de vingt personnes il y ait au moins huit ou dix Européens. Chaque habitation fournira avec abondance et même avec profusion et sans bourse délier tout ce qui sera nécessaire pour alimenter tant le propriétaire que ses employés et les cultivateurs. La terre est si féconde que sans culture elle reproduit avec abondance tout ce que la main de l'horticulteur lui confie. Les semences et les plantations faites, il ne s'agit plus que de faire disparaître les herbes parasites, récolter et consommer. Mais il ne faudra jamais cesser de répéter aux Africains et descendants d'Africains que le mois d'août 1793, lorsque la France brisa leurs fers, ils reconnurent tous que l'homme libre ne doit jamais croupir dans une coupable oisiveté, mère de tous les vices; qu'ils jurèrent de rentrer dans les habitations qu'ils avaient fertilisées de leur sueur et de leur sang, et de les cultiver à salaire compétent. C'est ce que ne leur laisse pas oublier le président *Boyer*, qui non-seulement ne cesse d'encourager l'agriculteur, mais lui donne des primes et des récompenses proportionnées à la quantité et à la qualité des produits dont il alimente les marchés publics (1).

C'est peu d'avoir jeté sur le papier un projet quelque bien conçu qu'il soit; il faut encore indi-

____

(1) **Rapport de Garran de Coulon** sur les troubles de Saint-Domingue, tom. 4.

quer les moyens d'exécution ; cette tâche ne sera pas difficile à remplir.

Le président Boyer, quelque bien qu'il soit établi à la tête du gouvernement d'Haïti, est comme le plus grand potentat du monde soumis à la chance des révolutions ; et si par impossible, ce qu'à Dieu ne plaise, la branche aînée de la famille régnante remontait sur le trône, ne se comporterait-elle pas comme Henri III ? Après les états de Blois et rentré dans la capitale il brisa tout ce qu'avait fait le conseil des seize. Le bourreau même qui avait pendu le président Bresson fut pendu lui-même en exécution d'un arrêt du parlement de Paris, et ce, pour avoir obéi aux ordres d'une autorité usurpatrice, conséquemment incompétente. En ce cas donc, nous regardons l'événement comme impossible ; l'assentiment qu'avait donné Louis XVIII à l'affranchissement des esclaves produirait son plein et entier effet ; mais les traités faits entre le roi Louis-Philippe et le président Boyer seraient anéantis comme le furent tous ceux qu'avait faits le conseil des seize sous Henri III : à même cause, mêmes effets. Après avoir raisonné hypothétiquement, présentons pour l'exécution de notre projet les moyens d'exécution que nous regardons comme faciles, sûrs et infaillibles.

Le gouvernement français, s'entendrait

avec le gouvernement actuel d'Haïti et les principaux personnages qui le composent, tels que le président Boyer et les fonctionnaires pu-blics, le général Balthazar Ignace, le colonel Fremont-Villevaleix , les sénateurs et présidents des tribunaux, tous personnages recommandables par leur sagesse, leur instruction et les plus bel-les qualités du cœur, de l'âme et de l'esprit. Qui mieux que ces personnes sont capables de compren-dre et d'apprécier l'utilité et le mérite de ce projet qui, les ralliant plus étroitement avec la France, fera de leur pays la plus belle colonie du monde; et, leur donnant l'existence la plus honorable, les délivrera de l'incertitude de l'avenir, éteindra tous les flambeaux de discorde, les torches du fanatisme, brisera les poignards de l'anarchie, et donnera à la population le doux baume de la tran-quillité qui depuis longtemps avait disparu de ces belles contrées; et dont l'absence les jetait dans de continuelles alarmes, les obligeant à être sur pied pendant le jour, et leur refusant les dou-ceurs du sommeil pendant la nuit.

Le gouvernement français, en rentrant à Saint-Domingue, et pour en prendre possession, d'ac-cord, comme nous venons de le dire, avec le gou-vernement actuel d'Haïti, publiera une proclama-tion dans laquelle il annoncera avec franchise et loyauté tout ce qui aura été fait dans l'intérét des deux peuples qui, dès ce moment, n'en font plus qu'un, la France demeurant toujours la mère patrie; une commission mixte, composée de six membres, trois Français et trois Haïtiens, examinera les titres de propriété des possesseurs d'immeubles par eux acquis ou qu'ils ont reçus soit par donation, successions ou testaments, toujours avec et en vertu d'actes authentiques ou devenus tels conformément à la loi; le rapport de cette commission confirmera ou annullera les titres des possesseurs actuels au premier cas. Ils seront reconnus légitimes propriétaires au second cas; les immeubles rentreront sous la main du gouvernement; bien entendu que toutes ventes, concessions ou donations portant aliénation des biens qui ont été délaissés ou abandonnés par suite des événements révolutionnaires rentreront sous la main du gouvernement français, qui en disposera suivant le mode qu'il aura adopté. Cela fait, et le gouvernement, en disposant de cette belle et vaste colonie, abstraction faite des propriétés parcellaires que la commission aura déclarées appartenir à tel ou tel autre citoyen, mettra en vente et par lot, suivant l'exigence des cas et les facultés de l'acquéreur, toutes les propriétés qui seront reconnues lui appartenir, tant urbaines que rurales; et, pour éviter toute confusion par la multiplicité des actes, un seul cahier des charges sera déposé au greffe du tribunal civil où chaque acquéreur pourra en prendre connaissance. Toutes les ventes seront faites aux enchères et déclarées définitives après l'extinction de trois feux, sans qu'il soit besoin d'adjudication préparatoire. Immédiatement après, un arpenteur géographe en fera la délimination et plantera des bornes immuables. L'acquéreur prendra au greffe une expédition du procès-verbal d'adjudication, et sera mis en due et réelle possession. Pour parvenir à cette fin, il faudra que le gouvernement fasse placarder dans toutes les villes, bourgs et lieux les plus apparents, des affiches portant que tel ou tel jour, à heure précise, il sera vendu publiquement et aux enchères, dans telle salle, soit en bloc, soit en détail, etc., etc. (*désigner la propriété*). Nous estimons que pour accélérer les ventes il faut faciliter les acquéreurs, n'exiger d'eux que le tiers comptant du prix de leur acquisition, leur accorder trois ans pour acquitter le second tiers, et cinq ans pour se libérer du tout. Il en résultera un avantage réel pour eux puisque, ayant établi leurs habitations avant l'époque du second payement, la vente des denrées qu'elles auront produites suffira pour les acquitter entièrement. Au troisième payement ils seront déjà riches, puisque la terre qu'ils auront acquise leur aura déjà donné de cinq à huit récoltes qui, représentant l'intérêt de leur argent au moins à 30 pour cent, les mettra en état de donner de

l'essor à leur industrie et d'augmenter leur fortune dans une progression incalculable.

Les spéculateurs, les industriels de tous les
pays se présenteront avec affluence pour courir à
une fortune immense, qui ne peut leur échapper.
Soit qu'ils opèrent individuellement ou par compagnies d'actionnaires, ils tiendront par leurs
propres mains le gage des avances qu'ils auront
faites et qui leur rentreront avant l'expiration de
la cinquième année; soit qu'ils cultivent la
canne à sucre ou le café, dix-huit mois après les
plantations ils retireront de trente à quarante
pour cent des sommes qu'ils auront déboursées
pour le prix de leur acquisition. Les années sui-
vantes présenteront un bénéfice encore plus considérable 1° par l'augmentation des défrichements,
2° par l'amélioration du sol, principalement dans
les terres à sucre dont la qualité va toujours en
se bonifiant par la culture. Il n'en est pas de
même des terres à café; plusieurs sont inépui-
sables comme celles à sucre, et se bonifient de la
même manière, principalement dans les vallons,
les plaines et les culs-de-lampe, mais beaucoup
d'autres se dégradent et deviennent *caput mor-
tuum*. Ces terres, ainsi dégradées, ne sont cependant pas sans valeur, et l'habitant éclairé et la-
borieux sait en tirer bon parti en y établissant ce
qu'on appelle dans le pays *hate et savane*, c'est-

à-dire, des terres où l'on nourrit les quadrupèdes domestiques, tels que chevaux, bœufs, va-
ches, porcs et bêtes à laine, volailles de toute
espèce. Les productions de ces établissements
servent non-seulement à alimenter et le cultivateur et le propriétaire, mais celui-ci en tire beaucoup d'argent dans les marchés publics des villes
et bourgades. Nous devons ajouter que ces mêmes
terrains produisent abondamment toute espèce de
légumes qui ne sont pas moins nécessaires que le
produit des quadrupèdes. Les choses dans cet
état, le bailleur de fonds retirera au moins
30 pour cent de ces capitaux, et ce, avant l'expiration de la troisième année de l'exploitation.
Chaque acquéreur, mis en due et réelle possession, après s'être fixé sur l'étendue de la terre
qu'il voudra mettre en culture, sera à même
d'apprécier le nombre des bras qui lui seront nécessaires. Nous avons entendu dire et répéter jusqu'à satiété que la culture de la canne à sucre
exigerait tout au plus le dixième des bras que l'on
y employait dans la plus grande prospérité de la
colonie. Ces appréciateurs de cabinet, dont nous
ne partageons pas l'opinion, confondent la culture
avec la fabrication. Nous pensons bien qu'il ne
faudra pas autant de bras travaillant à la terre,
et nous les réduisons à la moitié de ceux qui y
étaient employés en 1789, parce qu'il est physi-
quement sûr que l'homme libre, qui travaille

pour son compte, cherche à se procurer les plus grands bénéfices possibles, au lieu que l'esclave, qui travaille gratuitement et qui jadis ne recevait que des mauvais traitements pour prix de ses sueurs, souvent même de son sang, travaille peu et même avec répugnance parce qu'il sait que le fruit de son travail ne lui rapportera rien, et ira grossir les trésors de son tyran. Admettons donc que pour l'exploitation de la terre, tant en sucre qu'en café, la moitié des bras autrefois employés peut suffire aujourd'hui et que le dixième suffira pour la fabrication du sucre, grâces au progrès de l'industrie et aux procédés chimiques dont Chaptal et autres dignes de lui succéder ont enrichi les deux mondes. Nous mettons l'indigo, le coton, le cacao et autres productions coloniales dans la catégorie du café. Citons un exemple : la sucrerie Lefèvre, au quartier Morin, employait huit cents paires de bras et était affermée un million, argent de la colonie, ce qui fait, argent de France, 666,667 francs, qui, par tête de cultivateur, représente un produit de plus de trois francs par jour. Or, si l'on réduit le nombre de cultivateurs à la moitié de ceux qui étaient employés anciennement, un seul, au lieu de gagner trois francs, en gagnera six, chose qui paraît incroyable, mais que les faits justifient complétement. Et il ne faut pas croire que les indigènes seuls prennent part à ces grands bénéfices : les européens accourront de toutes parts; car quoi qu'on ait dit, quoi qu'on puisse dire, le climat n'est pas plus malfaisant pour les blancs que pour les noirs, et nous pourrions citer nombre de scieurs de long, de maçons et de charpentiers qui y ont fait des fortunes immenses, notamment Artau au Cap, Lejeune à Plaisance, Laritonne à la Marmelade, etc., etc. Après l'extinction des Caraïbes et dès que les Français eurent pris possession de la colonie, les planteurs emmenèrent de toutes les parties de l'Europe des cultivateurs qu'ils engageaient pour trois ans; aussi les appelait-on les trente-six mois. Ces mêmes hommes avaient mis le pays en grande culture, lorsque l'appât du gain et l'ambition la plus démesurée firent inventer l'horrible traite des noirs. L'expérience a démontré jusqu'à l'évidence qu'un blanc fait à lui seul plus de travail que deux Africains, qui sont naturellement apathiques et très-paresseux.

Tous les nègres cultivateurs passeront de l'esclavage à la domesticité et seront loués par le propriétaire au moins pour trois ou cinq ans, et recevront en échange de leur travail un tiers du produit de la terre fertilisée par leurs mains. A chaque vente, ce tiers leur sera délivré, et dans le moment même il leur en sera fait une juste répartition, eu égard à l'activité et au genre de travail de chacun.

Avant la vente de la première récolte, le propriétaire fournira aux travailleurs suffisante provision de morue, harengs saurs et salés, porcs et bœufs salés, mets infiniment agréables aux nègres et qu'ils savent assaisonner avec du citron, du piment, du gombau, du calalou et autres légumes qui ne coûtent rien et viennent sans culture dans la savane. Tout cet amalgame dont ils sont extrêmement gourmands forme pour eux le repas le plus succulent et le plus délicat; par ce moyen ils travailleront avec force, zèle et constance, sachant surtout que plus ils travailleront plus ils auront de bénéfice, tant il est vrai que l'appât du gain réveille l'apathie et donne cœur à l'ouvrage.

Le propriétaire, une fois en possession du terrain qu'il aura acquis, choisira l'emplacement qui lui paraîtra le plus avantageux pour y faire construire tant les bâtiments qu'il voudra occuper lui-même que ceux qui seront nécessaires à l'exploitation et au logement de son atelier. Tout pourra se faire à peu de frais, attendu que son terrain lui fournira les matières premières, telles que chaux, bois et moellons, même la paille pour les toitures. Les cases à nègres sont construites par ceux qui doivent les habiter, sans frais, en très-peu de temps; en moins de huit jours on peut construire cent cabanes dont chacune sera occupée par deux nègres et leurs familles, qui pourront l'agrandir en cas de besoin.

Il sera loisible aux propriétaires de faire venir de la Nouvelle-Angleterre toutes sortes de bâtiments prêts à monter. Toutes les pièces de la charpente arrivent numérotées et prêtes à être placées grandes ou petites : on en trouve de toutes dimensions et à bon compte. Par les moyens indiqués, l'habitant et son atelier seront logés promptement, agréablement et à très-peu de frais. Dès que le propriétaire sera logé, et aura mis ses cultivateurs en possession de leurs cases, il en fera le dénombrement, et, suivant le nombre qu'il en aura à sa disposition, il ordonnera qu'un conducteur de travaux soit mis à leur tête par chaque cinquante hommes. L'atelier réuni choisira lui-même les conducteurs à la pluralité des suffrages, qui nécessairement tomberont sur le sujet reconnu le plus capable de diriger les travaux agricoles. L'atelier qui l'aura ainsi reconnu, en rendant hommage à ses qualités personnelles, à son savoir, sa probité et son intelligence, sera obligé de lui obéir en tout ce qui concerne la direction des travaux, la morale et l'utilité commune.

AVIS AUX ACQUÉREURS.

Les établissements en sucrerie sont ceux qui présentent les plus grands avantages aux planteurs ; mais aussi ce sont ceux qui exigent une mise de fonds plus considérable. La terre ne s'appauvrit, ne se dégrade jamais ; et plus elle vieillit sous la main du cultivateur, plus elle s'améliore, plus elle produit. La canne à sucre vient de bouture ; dix-huit mois après qu'elle a été plantée elle est mûre et bonne à couper. Alors on la divise en trois parties : la tête sert à la nourriture des animaux ; ce qui suit fournit les boutures qui la reproduisent ; le reste est la partie succulente qui donne le suc des cannes. Cette dernière partie, passée au cylindre et devenue ligneuse, prend le nom de bagasse et remplace le bois pour chauffer les chaudières dans lesquelles est tombé le suc exprimé par le cylindre ; suc qui au moyen de l'ébullition, aidée de procédés chimiques, donne un sucre que l'on clarifie ensuite par les mêmes procédés et qui acquiert toute sa perfection en passant à l'étuve.

Peut-être nous demandera-t-on quels seront les moyens d'existence du planteur et de son atelier pendant les dix-huit mois nécessaires à la maturité de la canne? Cette question, toute sérieuse qu'elle paraisse, ne présente pas un problème difficile à résoudre. D'abord nous n'avons pas prétendu que l'acquéreur d'une propriété importante serait sans moyens pécuniaires ; ce serait l'anomalie la plus absurde : mais qu'il en ait suffisamment pour quatre à cinq mois, qu'en débutant il sème la betterave, et dans quatre mois il aura du sucre qui le dédommagera largement de ses peines et soins, et qu'il pourra même faire trois fois par an sur le même terrain sans toucher à celui qu'il aura destiné à la culture de la canne. Dans aucun cas il ne pourra craindre la disette, la terre fournissant abondamment, et presque sans culture, tout ce qu'il faut pour alimenter les indigènes. La France et la Nouvelle-Angleterre approvisionnant à l'envi toutes les colonies du Levant et sous le Vent, en farines et vins, nous ne répéterons pas ce que nous avons dit à ce sujet.

La culture du café, quoique moins avantageuse que celle de la canne à sucre, offre cependant de grands avantages. Le café vient de graine et se trouve abondamment dans les terrains abandonnés, où il a germé et grandi sans culture. On le plante depuis six jusqu'à dix pieds de distance en quinconce. Dix-huit mois après il produit un cueillage, et à la fin de la deuxième année, ce qu'on appelle la grande récolte; ainsi de suite jusqu'à l'extinction de l'arbre, qui, dans les bons terrains, peut durer éternellement; dans les terrains médiocres, de dix à quinze ans, et dans les plus mauvais, de huit à dix. Afin que les produits ne diminuent pas, il est de l'intérêt de l'habitant de faire chaque année une plantation nouvelle, proportionnée à l'étendue de la propriété. Sur une habitation de cent carreaux de terre, vingt suffisent pour planter cent mille pieds de café; il reste donc bien de la marge au propriétaire qui peut satisfaire son ambition en augmentant ses revenus, par le moyen de nouvelles plantations. Nous avons indiqué la culture de la betterave pendant la non production de la terre à sucre, nous indiquons celle du tabac pendant la non production de celle à café, qui en produit d'excellent, préférable même à celui de la Virginie. Cette culture est nécessaire pour ne pas laisser les cultivateurs dans l'oisiveté, parce que l'arbuste couvre la terre par ses branches et son feuillage dès la deuxième année et n'a plus besoin de la main de l'homme, si ce n'est pendant la récolte. L'ombre ayant étouffé toutes les herbes parasites, le produit du tabac dédommagera le planteur et lui donnera le temps d'attendre la vente de sa première récolte.

Les sucreries étant les établissements qui de-
mandent le plus grand nombre de bras, quoique
toujours en proportion de la quantité de terre
mise en culture, nous estimons que chacune em-
ploiera de cent à quatre cents cultivateurs. Chaque
habitation en café ou indigo occupera au moins
de cinq à six blancs qui seront pris volontairement dans le superflu de la population. Ces cent
mille individus trouveront dans la colonie, avec
une existence honorable, les moyens infaillibles
d'arriver à une fortune brillante.

La population de Saint-Domingue est aujour-
d'hui de huit à neuf cent mille Africains ou descendants d'Africains ; avant deux ans elle sera
doublée, parce que alors le bien-être des cultivateurs étant bien connu par ceux des îles du Levant ou sous le Vent, tant françaises qu'espagnoles,
anglaises et hollandaises, leur émigration viendra
doubler la population de Saint-Domingue. Ces
émigrés jouiront des mêmes avantages que les indigènes, se loueront pour un temps déterminé
aux propriétaires qui leur donneront des logements convenables et leur accorderont les mêmes
faveurs et la même bienveillance qu'aux naturels
du pays.

La population des villes augmentera aussi ra-
pidement que celle des campagnes. Les négociants,

les banquiers, les marchands en tous genres et jusqu'au petit mercier et au colporteur viendront s'y établir et y porteront, avec leur industrie et leurs capitaux, tant les objets de première nécessité que ceux de luxe et de pur agrément. Les produits de la colonie, offrant aux spéculateurs des moyens de change et de rechange toujours avantageux quand ils sont bien calculés, seront remplacés par les productions du sol français et de ses fabriques et manufactures, tels que draperies, soieries, merceries, quincailleries, verreries, horlogeries, porcelaines, et tous les articles des belles fabriques françaises. Pour transporter et exporter tant et tant de choses indispensables, quinze cents navires ou bateaux à vapeur suffiront à peine chaque année, et le plus grand nombre sera principalement au cabotage tant pour les îles du Levant et sous le Vent, et l'Amérique du Nord. Il en résultera des avantages immenses pour la mère patrie et principalement pour la marine, car tout le monde sait que la marine marchande est la pépinière des marins de l'Etat.

La religion, la morale et l'instruction ne devant jamais être négligées, nous pensons qu'il sera indispensable d'établir dans chaque commune un prêtre et un instituteur qui sera sous la surveillance immédiate du premier qui, chaque dimanche, ne manquera jamais de donner le pain de la parole dans la chaire apostolique. Nous nous dispensons d'indiquer le devoir de l'instituteur, le mot explique la chose.

Des règlements de police tant municipale que rurale, et spéciaux pour la colonie, seront mis en vigueur au moment même de la prise de possession de la colonie.

L'indemnité accordée aux anciens colons de Saint-Domingue leur sera payée par le gouvernement français, mais, au lieu de l'être en trente ans, elle le sera en deux ans, après la vente faite et le premier tiers reçu, afin de procurer à ces malheureuses victimes de l'erreur et de la démagogie des moyens d'existence non précaires mais assurés. Des officiers de santé, à la charge des habitants, seront chargés de soigner et médicamenter les malades sur toutes les habitations. Les vieillards, les infirmes et les enfants seront nourris et soignés aux dépens du propriétaire.

Un règlement spécial déterminera le mode de répartition du tiers du revenu affecté aux cultivateurs qui ne pourront y participer avant l'âge de quinze ans révolus. Ceux d'un âge au-dessous seront soignés, nourris et entretenus aux frais du propriétaire ; ils travailleront cependant suivant leur force et capacité, mais sans rétribution quel-

conque. Le gouvernement du roi, dans sa muni-
ficence, dédommagera largement tant le président
Boyer que les hauts fonctionnaires actuels qui
tous pourront être employés suivant leur mérite.

Ce projet n'est pas le produit d'une imagination
aventureuse, mais le fruit d'une longue expérience
et de la connaissance tant des localités que des
mœurs, usages et capacités des habitants actuels
de la colonie, dont le sort et la moralité ont besoin
de perfectionnement.

Nous n'avons pas parlé des avantages immenses
que les armées de la France et ses flottes trouve-
raient dans la possession de rades et de ports immenses et sûrs en cas de guerre.

La sage prévoyance du roi saura les apprécier.

OBSERVATIONS.

Tout propriétaire en sucrerie doit, avant tout, consulter ses moyens en argent comptant, avant d'entreprendre de monter une habitation en sucrerie. La terre en sucrerie est celle qui se vendra sûrement la plus chère, vu qu'elle est la meilleure et inaltérable pour le propriétaire, puisque plus une sucrerie est vieille meilleure elle est, et qu'elle va toujours en s'améliorant. On ne peut pas entreprendre une sucrerie sans avoir en terre deux cents carreaux; chaque carreau est composé de mille pieds carrés. La sucrerie qui aura deux cents nègres travaillant pourra faire trois cent mille francs de revenu par an, vu l'augmentation du sucre et le travail des nègres qui sera doublé par l'appât du gain. Car ils sauront que plus ils travailleront plus ils auront de bénéfice. Je ne conseille pas d'entreprendre une sucrerie à moins de posséder deux cents carreaux de terre. Les personnes qui auront davantage de fonds, soit en actions, soit différemment, pourront augmenter leur achat en terre et par conséquent en bras, et leur revenu se trouvera en retour avec leur déboursé.

Le propriétaire en sucrerie commencera par s'assurer de la qualité des bras qui lui seront utiles; après il se rendra sur son habitation, et calculera l'endroit qui lui convient le mieux pour bâtir son logement, celui des nègres et ceux qui seront utiles pour l'exploitation et la fabrication des sucres. Quand il saura à quoi s'en tenir, il commencera par la grande case qui est la maison du maître, et ensuite les petites cases, qui pourront contenir deux ou trois personnes. Toutes les cases à nègres se font en planches qui se trouvent souvent sur l'habitation. Vous n'avez qu'à abattre un arbre et le mettre en planches, et, avec des clous, vous aurez bientôt fait des cabanes. Comme les sucreries sont toutes presque en plaine, elles se trouvent donc moins boisées que les autres habitations qui sont dans les mornes. Il serait donc plus avantageux d'acheter des planches qui arriveront en quantité de la Nouvelle-Angleterre et à bon marché, ou d'envoyer un exprès à la Nouvelle-Angleterre, qui pourra traiter de première main soit pour des planches ou pour des cases ou maisons toutes faites et numérotées, et qui vous arriveront en très-peu de temps à l'endroit désigné par vous. Vous n'aurez plus qu'à les monter et mettre en place avec la quantité de bras que vous aurez à votre disposition ; dans quelques jours vous aurez tous vos logements prêts à recevoir tout votre monde, et pourrez commencer vos plantations. Par ce moyen, je crois que vous gagneriez au moins un mois pour vos plantations. Bien calculé, ce mois gagné pour la culture vous dédommage presque en entier de vos dépenses d'achat de vos cases. Il ne faudra pas oublier une case qui serve d'hôpital pour hommes et femmes, et surtout celles qui sont en couches. Par ce moyen, le chirurgien fait sa visite de suite et avec bien plus de facilité que s'il était obligé d'aller d'une case à l'autre courir après les malades. Comme le chirurgien visite plusieurs habitations dans la journée, il est donc bien agréable pour lui de trouver tous ses malades réunis dans une seule case. En général, sur toutes les habitations on a un petit assortiment de médicaments les plus utiles et de première nécessité.

Toutes les sucreries en général auront besoin, selon leur grandeur, de cinq à six blancs pour surveiller la fabrication du sucre jusqu'à ce qu'il soit mis en bocaux pour être envoyé en France.

Les compagnies qui se formeront en France, soit par actions ou autrement, pour l'achat des terres, auront un avantage incalculable; elles pourront acheter plusieurs sucreries qui se toucheront, et, par ce moyen, se rendre des services de toutes les manières, puisqu'elles travailleront toutes pour la même compagnie. Ces mêmes compagnies auront un grand avantage avec de grands moyens; elles pourront acheter tous les objets qui leur seront utiles pour l'exploitation de leur habitation avec les fabricants en France. Elles auront donc tout de première main, au comptant et à très-bon marché ; toutes les denrées de bouche, comme vin, morue, harengs blancs, harengs saurs, petit salé, bœuf salé, huile, chandelle, savon, enfin tout ce qui peut être utile dans une sucrerie. Elles pourront même avoir des navires à elles pour le transport de tous ces objets, et qui reviendraient en France chargés de denrées coloniales pour le compte de la compagnie. Par ce moyen, elle gagnera au moins un tiers sur les achats et aura l'avantage du choix sur tous ces objets. Les navires appartenant à la compagnie n'auront pas besoin de stationner; aussitôt arrivés, ils débarqueront les marchandises venant de France, reprendront les denrées coloniales appartenant à la compagnie, et repartiront de suite pour la France. Dans les principales villes maritimes, la compagnie pourrait avoir une maison de dépôt pour recevoir les marchandises qui arriveraient de la colonie et celles qui partiraient pour Saint-Domingue. Le Havre, Marseille, Nantes, Bordeaux, etc., tous nos ports de marine marchande doubleraient leurs affaires par cette belle entreprise.

Les propriétaires de la compagnie ne prendront sûrement que quelqu'un intéressé dans ladite compagnie pour gérer l'habitation. Pour toutes les places occupées par les blancs sur l'habitation, la compagnie doit donner la préférence aux actionnaires. La compagnie doit nommer dans son sein quelque personne de confiance pour surveiller toutes les propriétés et remédier au mal si elle venait à découvrir quelques abus, étant autorisée à les réprimer avec force.

www.ingramcontent.com/pod-product-compliance
Lightning Source LLC
LaVergne TN
LVHW012307050726
842524LV00004B/1256